DISCOURS

PRONONCÉ LE SAMEDI 24 JANVIER 1885

A LA SÉANCE SOLENNELLE DE RENTRÉE

DE LA CONFÉRENCE DES AVOCATS DE MARSEILLE

PAR

Mᵉ PAUL BERGASSE

AVOCAT

IMPRIMÉ EN VERTU DE LA DÉLIBÉRATION DU CONSEIL DE L'ORDRE
EN DATE DU 30 FÉVRIER 1885.

ÉTUDE

SUR LES

ASSOCIATIONS OUVRIÈRES PROFESSIONNELLES

MARSEILLE

TYPOGRAPHIE ET LITHOGRAPHIE BARLATIER-FEISSAT

Rue Venture, 19

1885

RENTRÉE

CONFÉRENCE DES AVOCATS DE MARSEILLE

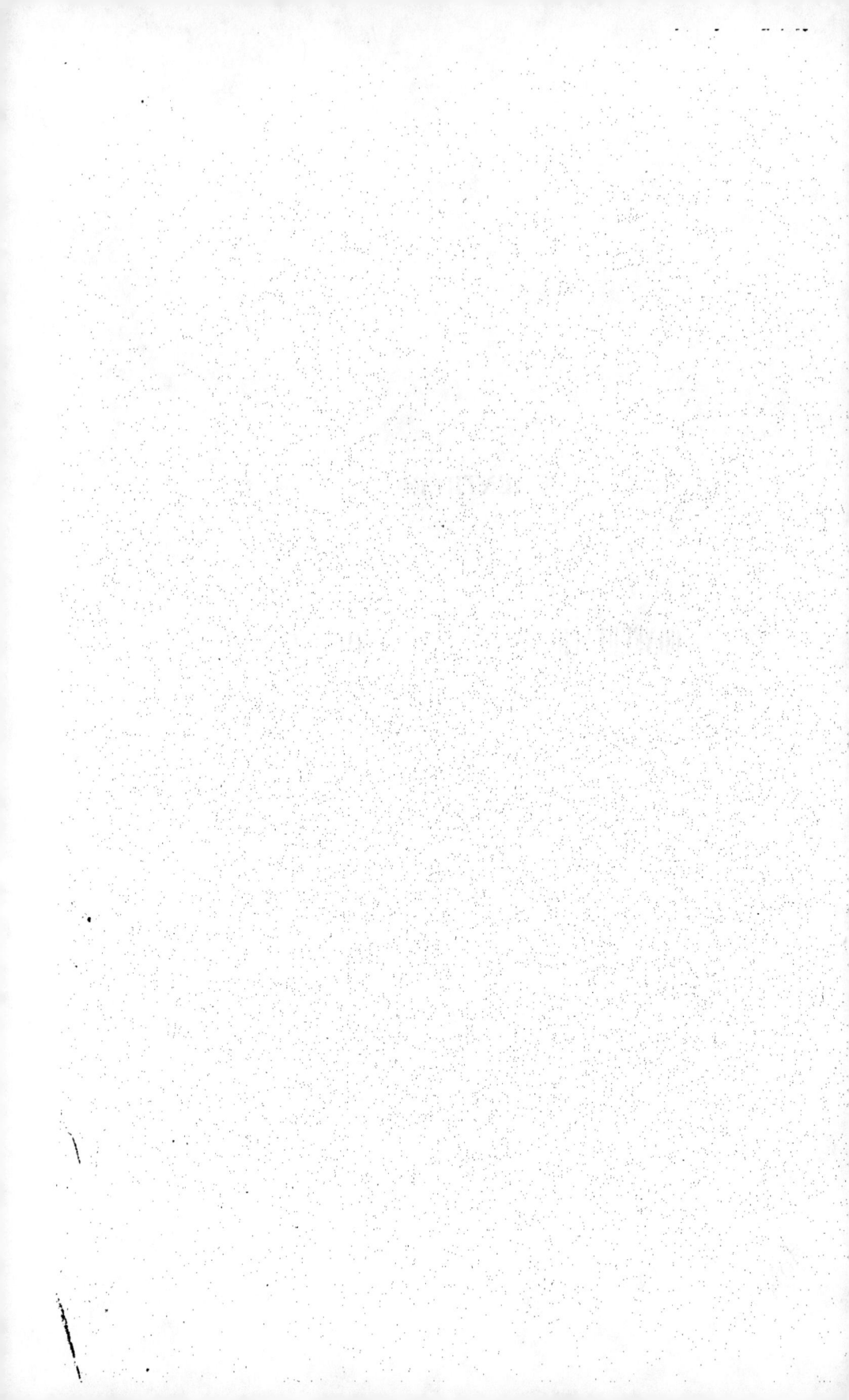

DISCOURS

PRONONCÉ LE SAMEDI 24 JANVIER 1885

A LA SÉANCE SOLENNELLE DE RENTRÉE

DE LA CONFÉRENCE DES AVOCATS DE MARSEILLE

PAR

Me PAUL BERGASSE

AVOCAT

IMPRIMÉ EN VERTU DE LA DÉLIBÉRATION DU CONSEIL DE L'ORDRE
EN DATE DU 20 FÉVRIER 1885.

ÉTUDE

SUR LES

ASSOCIATIONS OUVRIÈRES PROFESSIONNELLES

MARSEILLE

TYPOGRAPHIE ET LITHOGRAPHIE BARLATIER-FEISSAT

Rue Venture, 19

—

1885

ÉTUDE

SUR LES

ASSOCIATIONS OUVRIÈRES PROFESSIONNELLES

DISCOURS

PRONONCÉ A LA

SÉANCE SOLENNELLE DE RENTRÉE DE LA CONFÉRENCE DES AVOCATS DE MARSEILLE

Le Samedi 24 Janvier 1885

Monsieur le Batonnier,

Messieurs et chers Confrères,

La loi du 21 mars 1884 a reconnu aux patrons et aux ouvriers le droit de former des associations permanentes ayant pour objet l'étude et la défense de leurs intérêts professionnels.

Au moment où ces institutions populaires reprennent faveur dans les esprits, où nos lois consacrent leur existence, il m'a paru opportun, peut-être même utile, d'appeler sur elles votre bienveillante attention.

Je ne vous apporte toutefois ni une discussion approfondie des problèmes que soulève l'association ouvrière, — ni un plan de réorganisation sociale.

Mon but est beaucoup plus modeste. Je me suis simplement proposé d'esquisser à grands traits la physionomie que présentait jadis l'association professionnelle, de suivre ses développements, puis sa décadence, et, après l'avoir vue disparaître pour un temps, de rechercher quelle place lui ont faite nos législateurs contemporains.

Je veux donc faire œuvre de narrateur et non de théoricien. Il ne pouvait convenir à mon inexpérience d'aborder, à un point de vue doctrinal, ces questions délicates, et ma réserve dans l'exécution de ce travail sera, je l'espère, l'excuse de ma témérité dans le choix du sujet.

* *

Rome avait connu les associations de métier ; et, quelle que soit l'autorité de la légende qui en rapporte la fondation à Numa lui-même, leur existence dès les premiers temps de la République ne saurait être mise en doute. — La loi des XII Tables laisse « aux corporations le pouvoir de faire telle organisation qu'elles voudront pourvu qu'elles n'altèrent en rien la paix publique. »

Cette tolérance ne leur donna toutefois ni influence ni dignité, et les railleries de Plaute nous ont appris quel mépris inspiraient aux Romains les collèges d'artisans relégués dans les quartiers pauvres du Velabre et du faubourg Toscan.

Dédaignés au temps de la liberté politique, ils furent proscrits par les premiers empereurs. « Méfiez-vous, avait dit Mécène à Auguste, des confréries, des conciliabules, des associations ; toutes ces choses ne conviennent point à votre monarchie (1). »

Le conseil du courtisan fut suivi, et néanmoins, le pouvoir absolu des Césars ne put étouffer l'association. Elle s'obstinait à vivre.

Avec le temps, la tactique dut changer. Alexandre Sévère voulut réglementer ce que ses prédécesseurs avaient, en vain, tenté d'anéantir ; il prit le titre de Protecteur des corps de métier, et les rattacha à l'Administration générale de l'État. Désormais, tous les artisans de l'Empire durent être classés dans les corporations officielles ; ils y trouvèrent des avantages précieux, l'exemption du service militaire et des *operæ sordidæ* ; mais le collège, comme la curie du municipe, paya ces immunités au prix d'impôts écrasants.

(1) Dion Cassius.

L'artisan y fut d'ailleurs soumis à une réglementation rigoureuse.

De même que le colon est asservi à sa terre, l'officier public à sa charge, l'ouvrier est assujéti à son collége.

Le métier qu'il exerce est une sorte de fonction publique à laquelle il ne lui est pas permis de se dérober.

Veut-il disposer de ses instruments de travail ? Le legs est nul, d'après le Code Théodosien, à moins que le légataire ne prenne dans la corporation la place du testateur.

Veut-il fuir une tyrannie qui brise sa liberté individuelle ? La force armée le poursuivra. et, aux termes du même Code : « quel que soit le lieu de la terre où on le retrouvera, il sera contraint de reprendre son métier (1). »

Tel est l'aspect de la corporation romaine au déclin de l'Empire. — C'est une forme de la servitude.

Peut-on s'en étonner, Messieurs, dans une société où le travail manuel était réputé indigne d'un homme libre ? où les ouvriers des manufactures impériales étaient marqués d'un fer rouge ?

Cicéron lui-même l'avait écrit : « Tous ceux qui vivent d'un travail manuel font un métier dégradant

(1) Code Théodosien, liv. I.

et jamais un sentiment élevé ne peut naître dans une boutique (1). »

Le christianisme apportait au monde d'autres préceptes et d'autres exemples.

L'ouvrier et l'esclave furent bientôt réhabilités, et lorsque sur les ruines du vieux monde romain s'élèvera la commune libre du moyen-âge, les gens de métier seront ses premiers citoyens.

Dans la nuit qui suivit l'invasion barbare, il ne faut pas chercher une organisation générale des classes laborieuses.

Les anciens collèges avaient disparu. Mais les artisans trouvèrent dans le groupement spontané de leurs forces un point d'appui pour la défense de leurs intérêts communs, et la *confrérie* fut le rempart qui les protégea contre les violences et les exactions des gens de guerre.

Sa forme est d'abord indécise ; puis, ses coutumes, ses traditions s'affirment dans des Statuts librement consentis, « établis, » comme l'exprime l'un d'eux, celui des armuriers de Paris, « pour le profit du mes-

(1) *De Officiis*, liv. II.

tier et pour eschiver les fraudes et mauvesties qui s'y peuvent commettre. »

A ces usages consacrés par le temps, il manquait encore une sanction légale ; Saint-Louis la leur donna.

Par son ordre, une enquête fut ouverte au Châtelet. Les chefs de chaque métier, gardes, jurés ou prudhommes vinrent déclarer et faire enregistrer leurs vieilles coutumes, et le *Livre des Métiers* fut le recueil de ces réglements traditionnels, mis en ordre par le prévôt des marchands, Etienne Boyleau, et sanctionnés par l'autorité royale.

Sous ce régime de liberté garantie par le pouvoir s'écoula la plus brillante période de l'histoire des corporations.

Réunis autour de la même bannière, maîtres, compagnons et apprentis purent se connaître, s'entendre, s'aider les uns les autres.

A leur tête, sont les gardes et les jurés.

Librement élus par leurs pairs, ils exercent une surveillance générale sur le métier : « Chargés d'abatir et finer les pleds (1), » ils jugent les différends.

Le soin des apprentis éveille particuliérement leur sollicitude ; ils vérifient si « le mestre est suffisant

---

(1) Préambule du *Livre des Métiers*, 1258. (V. *Anciennes lois françaises*, t. I, p. 290).

d'avoir et de sens pour prendre apprentiz » et si celui-ci est « honorablement tenu comme fils de preudhomme. »

On connaît la rigueur de leur contrôle sur la bonté et loyauté des marchandises.

A Lyon, les artisans doivent travailler au grand jour, près de la fenêtre du rez-de-chaussée, en quelque sorte, sous les yeux même de l'acheteur.

Si la surveillance est minutieuse, parfois la répression est cruelle.

A Paris, en 1351, de la viande suspecte avait été saisie chez un boucher de la rue Baudet Saint-Antoine. Le syndic « au nom de la corporation outragée par l'infamie d'un de ses membres » réclame la dégradation du coupable, et le malheureux, assimilé à un empoisonneur public, est conduit au pilori des Halles : il y meurt de la main du bourreau, en présence de ses cent vingt-sept confrères.

Les fraudeurs d'aujourd'hui trouvent une justice plus indulgente ! — Ne nous en plaignons pas, mais avouons que le fait que je viens de rapporter, pour être barbare, n'en témoigne pas moins d'un singulier souci de l'honneur professionnel.

Le corps de métier, d'ailleurs, n'est pas seulement un tribunal inflexible ; il a aussi une mission charitable à remplir, et les artisans pauvres, les vieillards, les infirmes, les orphelins reçoivent des secours sur les fonds de la communauté.

« La corporation, » a dit M. Levasseur, « a été la tutrice et la sauvegarde de l'industrie naissante, et elle a enseigné au peuple à se gouverner lui-même ; elle a fait plus, elle a donné aux riches artisans des dignités, aux pauvres des secours d'argent, à tous les joies de la camaraderie dans ses fêtes et ses banquets. Pendant tout le moyen-âge, elle a été, avec le christianisme et les communes, la grande affaire des petites gens, la source de leurs plaisirs, et l'intérêt de toute leur vie (1). »

Ces avantages incontestables peuvent-ils nous faire oublier ses inconvénients ?

Le procès des corporations a été fait trop souvent, Messieurs, pour que je revienne sur des abus que personne n'ignore.

Longueur exagérée de l'apprentissage, difficultés parfois insurmontables pour parvenir à la maîtrise, réglementation des modes de travail funeste à toute initiative, voilà bien les principaux griefs !

Peut-être oublie-t-on quelque peu la distance qui sépare cette époque lointaine de la nôtre, et combien les artisans du moyen-âge avaient besoin de sécurité plus encore que de liberté !

Mais n'importe ! — Ces abus étaient réels, et le soin avec lequel l'autorité royale s'appliqua à les réprimer en est une preuve.

(1) Levasseur. — *Histoire des classes ouvrières en France avant 1789*, t. II, p. 425.

Entre toutes les ordonnances qui luttèrent contre les tendances exclusives de la corporation, celle de Jean-le-Bon me semble mériter une mention particulière.

« Voulons, disait le roi, que les gens de toute manière de mestier puissent tenir en leurs hôtels tant d'apprentis comme ils voudront à temps convenable et à prix raisonnable..... Après deux ans, les apprentis pourront avoir leur mestier et gaigner là où ils voudront..... Voulons enfin que tous gens quelconques qui sauront eux mesler et entremettre de faire œuvre, labeur ou marchandise le puissent faire et venir faire (1). »

Le roi formulait ainsi le principe même de la liberté du travail. C'était une pensée généreuse, mais trop en désaccord avec l'état de la société pour être appliquée. L'ordonnance tomba en désuétude et la liberté du travail attendit encore quatre siècles avant de triompher définitivement.

Ces essais de réforme n'atteignirent point, du reste, le prestige et l'indépendance des corporations. Maîtresses dans la sphère de leurs attributions professionnelles, jouant un rôle prépondérant dans la vie municipale, elles tentèrent d'aborder le terrain politique.

Tour à tour, Etienne Marcel, les Cabochiens font

(1) *Anciennes lois françaises*, t. IV, 619.

la loi dans Paris. Au XVᵉ siècle, les artisans de
Rouen se révoltent et prétendent placer la couronne
sur la tête d'un tisserand.

Les violences, les excès des corps de métier met-
taient l'ordre social en péril. Les esprits éclairés s'en
émurent.

« Aucune part, écrit Christine de Pisan, ne doit être
faite dans le gouvernement aux gens de métier, qui
ne connaissent d'autre travail que celui des bras et
des mains, qui ne sont jamais sortis de leurs ate-
liers, qui n'ont pas fréquenté les gens coustumiers en
choses de droit et de justice, qui n'ont point appris à
parler ordonnément, par raisons belles et évidentes,
et qui, sachant à peine le *Pater Noster*, incapables
de se gouverner eux-mêmes, voudraient régenter
l'Etat. » (1)

C'était un réquisitoire en forme contre les préten-
tions des corps de métier. On ne s'en tint pas là, et la
réaction qui se manifestait dans les esprits se tra-
duisit bientôt dans les actes du Pouvoir.

Charles VI impose à toutes les communautés d'artisans, l'obligation de faire renouveler leurs privilèges annuellement.

Louis XI les organise en compagnies d'hommes
d'armes dont les chefs devront prêter serment de
fidélité.

(1) Cité par M. Lecoy de la Marche : *Études sur le gouvernement de Saint-Louis.*

Des officiers royaux président les assemblées géné-
rales du métier ; la tenue de ces assemblées, les
conditions d'admission, l'élection des gardes et jurés
sont réglées par des ordonnances.

Enfin, l'Édit de 1581 consacre définitivement la
subordination des corps de métier à l'autorité centrale. En voici le trait essentiel :

« Les artisans de toutes les villes et villages de
France *devront* être, dorénavant, constitués en
corps de métier. Ils prêteront immédiatement le serment de maîtrise devant le juge du lieu. » (1)

Il ne s'agissait plus, vous le voyez, de les protéger
ou de les réformer mais de les soumettre.

Faire partie de la corporation avait jadis été pour
l'artisan un droit : ce fut désormais une obligation
imposée par la loi.

Dans cet assujétissement progressif des corps de
métier à l'autorité royale on suit, sans peine, le
développement de la pensée politique qui devait
réunir en un seul faisceau toutes les forces du pays
et fonder l'unité nationale.

Mais si la préoccupation de donner aux divers
éléments de la patrie française une cohésion indis-
pensable guida constamment la royauté, des consi-
dérations d'ordre tout différent contribuèrent aussi à
accentuer l'intervention du pouvoir dans les affaires

(1) *Anciennes lois françaises*, XIV, 509.

des communautés d'artisans, et les exigences ou le Trésor-public ont parfois lourdement pesé sur elles.

Henri IV, renouvelant l'Édit de son prédécesseur, disait avec une bonhomie un peu narquoise : « Cette réforme est faite afin que nous puissions à l'avenir recevoir le bien et commodité qui peuvent nous provenir des dits droits et nous en servir en l'extrême nécessité de nos affaires. »

Rien n'était plus juste que de faire contribuer les membres des corporations aux charges de l'État. Mais comme l'impôt n'avait d'autres limites que la volonté du roi et les besoins du Trésor, les taxes imposées aux métiers s'aggravèrent rapidement. A la fin du XVIII° siècle, il fallait payer huit mille livres au fisc pour entrer dans le corps des batteurs d'or de Paris. « Le roi, disait-on, vend la maîtrise. »

L'augmentation des taxes ne suffit pas. Bientôt il fallut recourir à d'autres expédients.

Depuis longtemps l'autorité royale exerçait le droit de créer par lettres patentes de nouvelles charges de maître. Cet usage avait permis de forcer, en quelque sorte, l'accès de la corporation en faveur d'aspirants éliminés sans juste motif.

L'intérêt fiscal en fit une source de revenus et voici comment.

Un édit créait dans telle ou telle profession un certain nombre de *lettres de maîtrise*. Menacés d'une concurrence, qui pouvait devenir désastreuse, les maîtres en exercice s'empressaient de racheter les charges nouvellement créées et, moyennant finance, ils assuraient le maintien de leur monopole.

A ce jeu, la corporation se ruine, il est vrai, mais le Trésor public n'y perd rien.

En 1691, les jurés et gardes électifs sont supprimés et leurs charges érigés en offices vénaux.

Un édit postérieur va même jusqu'à interdire la réception par chef-d'œuvre dans le corps de métier et proclame la vénalité de toutes les maîtrises.

A vrai dire, les corporations ne sont plus que l'ombre d'elles mêmes. Toute vie propre est éteinte : la surveillance de l'ouvrage, la présidence des assemblées, le contrôle des comptes sont confiés à des officiers de police.

Les compagnons ont fui le corps de métier où ils ne trouvent que des entraves, des assujétissements et nulle protection.

Seuls, les maîtres sont restés, armés de leurs privilèges.

Ils sont d'autant plus jaloux et exclusifs que leur charge a été payée fort cher et demeure à la merci d'un édit bursal. C'est une propriété dont ils usent et abusent même quelquefois, en attendant qu'elle leur soit enlevée.

Voyant partout des empiétements sur leurs privilèges, les corps de métier entament des procès sans nombre et sans fin ; et les contemporains prétendent

2

que ces « contestations étaient une des sources les
plus abondantes de profit pour les gens du Palais. »

Le nom même de corporation s'efface. On ne parle
plus que de maîtrises et de jurandes, et cela s'expli-
que aisément, l'institution n'intéressant plus que les
titulaires de ces offices vénaux.

***

Il n'entrait pas dans ma pensée, Messieurs, de
refaire en quelques pages l'histoire de nos vieilles
corporations. Mais, pouvais-je oublier le rôle considérable qu'elles ont joué dans la vie publique de l'an-
cienne France ?

Une ingérence exagérée de l'autorité administrative, les abus de la fiscalité, et aussi ce germe de
corruption que l'on retrouve au fond de toute œuvre
humaine et qui se développe sous la lente action du
temps, avaient peu à peu détourné l'institution libre
et tutélaire du moyen-âge de son but primitif. La
révolution économique dont le XVIII⁰ siècle fut le
témoin allait la renverser.

Nombreux étaient les reproches adressés au régime
corporatif. Un seul mot les résume : le monopole.

Dès les États-Généraux de 1614, les députés du

Tiers avaient exprimé au roi le vœu de voir disparaître un privilège que les circonstances ne justi-
fiaient plus.

« Soit l'exercice des métiers, disaient-ils, laissé
libre à vos pauvres sujets, sans visitation de leurs
ouvrages et marchandises par experts et prudhommes.... » Ces doléances ne furent pas entendues ;
mais à mesure que les abus des corps de métier se
multiplièrent, le mouvement en faveur de la liberté
du travail se dessina plus nettement. Au XVIIIᵉ siècle
son énergie s'accroît sous l'impulsion des économistes
et des physiocrates.

Adam Smith formule le principe en termes élo-
quents : « Le patrimoine du pauvre est dans la force
et l'adresse de ses mains, et l'empêcher d'employer
cette force et cette adresse de la manière la plus convenable, tant qu'il ne porte dommage à personne, est
une violation manifeste de cette propriété primi-
tive (1). »

Le président Bigot de Sainte-Croix publie son
Essai sur la liberté du commerce dont l'unique
objet est de démontrer les vices du régime corporatif.

Une académie de province, celle d'Amiens, je crois,
couronne solennellement un Mémoire attribuant l'extension de la mendicité à l'existence des corps de

(1) *De la Richesse des Nations*, chap. X, section 2.

métier. La thèse était au moins hardie, et l'expérience ne semble pas, hélas ! l'avoir confirmée, mais elle obtint un merveilleux succès auprès des âmes sensibles de l'époque, qui virent, dans la destruction des corporations, l'aurore d'un nouvel âge d'or pour les artisans.

L'entraînement devint général, et le 20 février 1776 (1), Turgot dictait au roi l'édit célèbre qui abolit les maîtrises et les jurandes.

Il importe de faire deux parts dans l'œuvre du ministre de Louis XVI.

« Dieu, disait-il dans son préambule, en donnant à l'homme des besoins, en lui rendant nécessaires les ressources du travail, a fait du droit de travailler, la propriété de tout homme, et cette propriété est la première, la plus sacrée, la plus imprescriptible de toutes.... » Voilà des principes fort sages, qui sont devenus la base de notre vie économique moderne et dont s'inspirait avec raison l'Édit en reconnaissant à toutes personnes le droit d'embrasser et d'exercer toute espèce de commerce et telle profession d'arts et métiers que bon leur semblerait. (Art. 1er.)

Mais si le monopole des maîtrises et des jurandes devait disparaître, fallait-il aller plus loin et « tarir la source dont les eaux étaient corrompues (2) ? »

(1) *Anciennes Lois françaises*, XXIII. — 370.
(2) Discours du président d'Aligre, dans le lit de justice qui imposa au Parlement l'enregistrement de l'Édit.

Les abus de la corporation pouvaient-ils faire
oublier les avantages que l'association professionnelle
assure à l'artisan ?

On eut le tort de confondre la réglementation et les
priviléges des anciens corps de métier avec l'exercice légitime et salutaire du droit d'association.
« Défendons, dit l'article 14, à tous maîtres, ouvriers,
compagnons et apprentis de former aucune association et assemblée entre eux sous quelque prétexte que
ce puisse être. » Et Turgot a soin de justifier cette
prohibition en ajoutant : « La source du mal est dans
la faculté même accordée aux artisans d'un même
métier de s'assembler et de se réunir en corps. »

C'était nier formellement le droit d'association ; et
l'on éprouve quelque surprise à rencontrer cette
théorie sous la plume d'un libéral tel que Turgot.
N'oublions pas qu'elle lui fut commune avec la plupart des philosophes et des économistes ses contemporains.

Ecoutez Rousseau, dans le *Contrat social* : « Il
importe qu'il n'y ait point de sociétés partielles dans
l'Etat (1). »

Quesnay ne pense pas autrement, et Dupont de
Nemours, après avoir constaté que « dès qu'on entre
dans une corporation, il faut l'aimer comme une
famille (2), » en conclut que toutes associations sont

(1) Rousseau. — *Contrat social*. II, 3.
(2) Dupont de Nemours. — Discours prononcé à l'Assemblée
Constituante, le 24 octobre 1789.

nuisibles comme détournant quelques citoyens du souci des intérêts généraux.

Mirabeau soutient la même thèse :

« Des sociétés particulières, dit-il, placées dans la société générale, rompent l'unité de ses principes et l'équilibre de ses forces (1). » — Et plus tard, il dévoilera la préoccupation politique qui inspire cette méfiance en écrivant :

« L'idée de ne former qu'une seule classe de citoyens aurait plu à Richelieu, car elle facilite singulièrement l'exercice du pouvoir (2). »

Ces mêmes doctrines inspirèrent la Révolution française.

La réforme de Turgot avait été éphémère. — Trois mois après sa promulgation l'Edit fut rapporté et les corps de métier rétablis.

La Constituante se retrouva donc en présence des corporations.

Après en avoir demandé la réforme dans la nuit du 4 août, elle les abolit par la loi du 2 mars 1791.

Mais, très-explicite au sujet de la suppression des maîtrises et jurandes, la loi ne prévoyait pas le cas où des associations libres créeraient un lien nouveau entre les travailleurs.

(1) Assemblée Constituante. — Séance du 2 novembre 1789.
(2) Lettre au roi Louis XVI, citée par de Tocqueville : *L'Ancien régime et la Révolution.*

Ceux-ci mirent à profit le silence du législateur, et de toutes parts se formèrent des réunions où patrons et ouvriers discutaient les intérêts de leur industrie. Ils pensaient trouver une garantie suffisante dans la Déclaration des Droits de l'homme qui venait de proclamer pompeusement la liberté d'association comme un droit naturel.

L'Assemblée nationale s'émut de ce mouvement et à la séance du 14 juillet 1791, un décret prohibant toute association professionnelle fut voté sur le rapport du représentant Chapelier.

« Je viens, dit le député de Rennes, vous déférer une contravention aux principes constitutionnels qui suppriment les corporations.—Plusieurs personnes... ont formé des assemblées dans lesquelles il a été nommé des présidents, syndics et autres officiers. — Il ne doit pas être permis aux citoyens de s'assembler pour la défense de leurs prétendus intérêts communs Il n'y a plus que l'intérêt particulier de chaque individu et l'intérêt général. — Il n'est permis à personne d'inspirer aux citoyens un intérêt intermédiaire et de les séparer de la chose publique par un esprit de corporation (1). »

Voilà le principe, Messieurs. L'application, vous la connaissez.

Les corps d'artisans ne furent pas seuls frappés.

(1) Buchez. — *Histoire parlementaire de la Constituante*, t. V, p. 63.

Notre vieille Chambre de Commerce de Marseille fut dissoute. Notre Ordre dut se disperser. Et les sociétés d'assurances elles-mêmes furent supprimées comme coupables de créer un intérêt intermédiaire entre l'individu et l'État !

« Il eût fallu, a dit M. Taine, respecter, réformer et utiliser les corps. On ne songea qu'à les abolir au nom de l'égalité abstraite et de la souveraineté nationale (1). »

L'État refuse donc l'association aux gens de travail. Que leur donnera-t-il en échange ?

Chapelier répond : « C'est à la Nation, c'est aux officiers publics, en son nom, de donner des secours aux infirmes et de fournir des travaux à tous ceux qui en ont besoin. »

Telle est la conclusion de tout le système. De là aux doctrines qui font de l'État le grand dispensateur de la fortune publique, il n'y a qu'un pas ; et nos socialistes modernes ont trouvé des ancêtres parmi les constituants de 1791 !

*
* *

Cette méfiance de l'association a survécu à la période révolutionnaire.

(1) H. Taine. — *Les Origines de la France contemporaine,* t. II, p. 242.

On la retrouve dans le Code Pénal ; et vous savez quelles restrictions étroites apportent à l'exercice du droit d'association les articles 291 à 294.

Soumises à ces régles de droit commun, les sociétés ouvrières furent en outre placées sous un régime exceptionnellement rigoureux par les articles qui proscrivent toute entente et tout concert entre ouvriers (art. 415 à 416).

La loi de 1834 (11 avril) vint encore aggraver les dispositions de droit commun, et si quelques associations subsistèrent, ce fut par tolérance ou en vertu d'une faveur administrative toujours révocable.

Les prohibitions du législateur ne purent cependant étouffer l'invincible attrait des classes laborieuses pour le groupement professionnel.

Déjà en 1812, le Conseil d'État avait été saisi d'un projet de reconstitution des corps de métier.

Sous la Restauration, des pétitions couvertes de signatures furent adressées au roi pour obtenir l'établissement de corporations nouvelles.

En 1843, une enquête auprès des Chambres et Tribunaux de Commerce permit de constater la faveur que rencontrait l'idée de l'association professionnelle.

On ne se borna point, d'ailleurs, à des réclamations stériles.

Malgré la loi, se formèrent des Sociétés d'artisans;

et les rigueurs du Code eurent pour seul effet de les rendre secrètes et par la-même dangereuses pour la sécurité de l'État. — Pour écarter le péril le second Empire voulut donner satisfaction aux tendances des ouvriers et le décret sur les sociétés de secours mutuels, la loi sur les sociétés coopératives s'inspirèrent d'une pensée de réaction contre les principes appliqués au commencement du siècle.

Enfin, l'abrogation, votée en 1864, des articles du Code Pénal qui prohibaient les coalitions, vint consacrer la légitimité du concert et de l'entente formés en vue de la défense des intérêts professionnels.

C'étaient là pour la classe ouvrière de précieuses conquêtes. Mais il ne s'agissait point encore d'associations permanentes unissant les travailleurs par le lien solide et durable de la communauté de métier.

L'influence exercée par les idées anglaises nous a fait faire un pas décisif dans cette voie, en préparant les esprit aux modifications profondes que la loi de 1884 devait introduire dans notre droit.

Jetons à ce propos un regard sur la législation en vigueur chez nos voisins.

En cette matière, comme en bien d'autres, ils ont été nos maîtres.

.˙.

Un écrivain moderne, M. Laboulaye, appelait la liberté d'association *le grand ressort de l'Angleterre* (1).

Rien n'est plus vrai.

Le droit de chercher dans le groupement des efforts individuels une force ou un appui est intimément lié a la qualité de citoyen anglais.

Dans toutes les branches de l'activité publique, entreprises industrielles, instruction, œuvres de bienfaisance ou de prévoyance, l'association libre a déployé sur le sol du Royaume-Uni une étonnante vitalité..... Et la stabilité de la Constitution britannique ne paraît point en avoir souffert.

Cette liberté que le droit commun assure à tous a profité aux ouvriers.

Les corps de métier anglais avaient disparu sous l'influence des mœurs et des progrès économiques et non par l'effet d'une brusque révolution.

Insensiblement se substituèrent aux institutions anciennes des associations libres d'artisans.

Ce furent les *trade-unions*.

(1) Laboulaye. *L'État et ses limites.*

Leur légalité avait été un moment contestée au commencement du siècle ; les grèves qu'elles organisaient et surtout les violences dont elles se rendaient trop souvent coupables semblaient compromettre l'ordre public.

Les poursuites dirigées contre elles ne purent cependant les réduire.

Une enquête longue et minutieuse eut lieu. Son résultat fut d'établir l'impossibilité de supprimer l'union ouvrière, et les commissaires enquêteurs estimèrent qu'il convenait de la remettre sous le régime du droit commun, c'est-à-dire de la liberté.

Tel fut aussi l'avis du Parlement, et l'Act de 1824 reconnut le caractère licite de l'association formée par les ouvriers, même en vue de la grève.

L'existence des unions ouvrières était désormais assurée, mais la capacité légale leur manquait encore.

L'acquittement du trésorier d'une de ces sociétés convaincu de détournements de fonds, fixa sur ce point l'attention du législateur, en 1867. (1)

Le tribunal de Bradford avait, en effet, rejeté la plainte par ce motif que l'Union était incapable de posséder et d'ester en justice. — L'émotion fut vive chez les ouvriers, dont les épargnes étaient ainsi mises à la merci d'un caissier infidèle.

(1) V. l'ouvrage de M. le comte de Paris, *Les Associations ouvrières en Angleterre*, chap. II.

On saisit de la question la commission d'enquête qui, à la même époque, préparait une refonte complète des lois sur les sociétés ouvrières ; après mûr examen, elle proposa de leur accorder la personnalité civile.

Mais restait à régler les conditions auxquelles cette prérogative serait attachée.

La création d'une personne morale éveille, à divers titres, la sollicitude des pouvoirs publics.

Une société d'une durée illimitée, capable de s'obliger, de devenir propriétaire, peut acquérir une extension et une influence parfois dangereuses pour la sécurité de l'État.

Il importe, d'ailleurs, que son existence soit officiellement constatée dans l'intérêt du bon ordre comme dans celui des tiers qui traiteraient avec elle. Il faut, en quelque sorte, dresser l'acte de naissance de cette personne morale.

D'autre part, l'idée de se soumettre à un contrôle préalable répugne essentiellement au caractère anglais et déjà en 1866, les Unions avaient rejeté l'offre de la personnalité civile subordonnée à l'approbation du ministre de l'intérieur.

Comment donc assurer une publicité et une surveillance indispensables sans blesser la susceptibilité des ouvriers ?

L'Act du 24 juin 1871 a tranché la difficulté par l'institution du *Chief-Registrar* qui donne à la loi anglaise son caractère le plus original.

Choisi en dehors des cadres ordinaires de l'Administration, dans les rangs du Barreau, ce haut fonctionnaire a pour attributions essentielles (son nom
l'indique) d'enregistrer les statuts des associations
ouvrières.

Il vérifie la régularité de ces statuts, et, s'il refuse
de les enregistrer, sa décision ne peut-être infirmée
que par un arrêt de la Cour du Banc de la Reine.

Par le seul effet de cet enregistrement et sans
aucun contrôle de l'autorité politique, l'association
acquiert la personnalité civile.

C'est vous dire qu'elle pourra librement s'engager
en son propre nom, posséder, ester en justice ; sa
capacité sera seulement restreinte quant à l'acquisition de la propriété immobilière dont l'étendue ne
pourra dépasser une acre de terrain.

Mais là ne s'arrêtent pas les fonctions du Chief-
Registrar. Il est, à proprement parler, le tuteur offi-
cieux des associations.

Il juge les contestations entre les sociétés et leurs
membres.

Il peut, sur la demande d'un certain nombre de
sociétaires, ordonner la vérification des livres.

Dans quelques hypothèses limitativement prévues,
il a même le droit de prononcer, sur requête et
après certaines formalités, la dissolution de la
société.

Ce sont là des pouvoirs fort étendus, et il a fallu les

confier à un fonctionnaire indépendant pour les faire
accepter des unions ouvrières.

Le tact, l'impartialité du Chief-Registrar ont bientôt
montré aux ouvriers que son contrôle était pour eux
une source d'avantages et non une menace.

Les sociétés dont les statuts sont enregistrés pré-
sentent des garanties de stabilité et de sécurité qui ont
groupé autour d'elles les ouvriers les plus honnêtes
et les plus laborieux.

La capacité légale dont elles jouissent leur a permis
de diriger leurs efforts vers la fondation d'établissements de secours et de prévoyance, caisses de retraite,
assurances mutuelles.

Progressivement, elles se sont détournées de la
grève.

Les hommes d'État anglais attendent beaucoup de
cette surveillance librement acceptée par les unions
ouvrières, pour l'apaisement social. En propageant
dans les classes laborieuses cette idée que le contrôle
du Registrar leur est salutaire, ils espèrent les grou-
per dans des associations pacifiques et bienfai-
santes.

Mais ne l'oublions pas. L'enregistrement est une
faculté offerte aux sociétés qui veulent acquérir la
personnalité civile.

La loi ne l'impose pas ; et les unions non enregis-
trées échappent à toute surveillance administrative.

On ne saurait faire, il me semble, une part plus large à la liberté.

Et cependant le législateur anglais ne s'est pas mépris sur certaines tendances de l'association ouvrière.

Il faut bien l'avouer, elle est souvent tyrannique, agressive, haineuse ; et l'histoire des Trade-unions est remplie des violences, des persécutions dont les patrons et les ouvriers réfractaires aux ordres de l'union ont été les victimes.

Les plus graves de ces vexations, celles qui se produisent par des voies de fait, tombent sous le coup du droit commun.

Mais, à côté des délits caractérisés par la loi pénale ordinaire, n'est-il point d'autres agissements, auxquels les Anglais ont donné le nom assez bizarre de « vexations pacifiques » et qui font peser sur l'ouvrier indépendant une odieuse oppression ?

« Il n'est point, disait O'Connel, de despotisme plus dégradant que celui exercé par une partie des ouvriers sur les autres. »

Parole tristement vraie, Messieurs, et dont nous pouvons vérifier l'exactitude sans passer le détroit.

Mises en interdit, proscriptions, menaces, amendes, tels sont bien les moyens couramment employés par les associations et coalitions d'ouvriers vis à vis des travailleurs qui veulent secouer leur joug arbitraire.

L'ouvrier n'a-t-il pas le droit d'être protégé contre ces atteintes portées à son indépendance ?

La loi anglaise a jugé que, donnant à l'union ouvrière les moyens d'action les plus étendus, il convenait d'entourer de garanties spéciales la liberté individuelle de l'artisan et de ne point l'exposer sans défense aux rancunes de l'association.

L'Act du 29 juin 1871 punit d'amende et d'emprisonnement toute pression ayant pour objet de séparer les patrons et les ouvriers — toute contrainte entravant l'offre ou l'acceptation d'ouvrage — le fait de forcer un ouvrier ou un patron à payer une amende imposée par une union, etc.

Par ces mesures, le législateur anglais ne s'est point départi des principes libéraux qui l'ont constamment guidé, car c'est encore servir la cause de la liberté que de combattre les abus qui, parfois, la déshonorent.

* *

A côté des unions anglaises dont le développement est dû à la seule initiative des travailleurs, il convient de signaler en passant les associations récemment organisées par l'État en Allemagne et en Autriche.

Ici, le législateur n'a pas osé laisser à la liberté le soin de répondre aux aspirations des ouvriers.

La crainte de voir des réunions politiques dangereuses se dissimuler sous le couvert de l'association
de métier l'en a certainement détourné.

D'autre part, les théories du socialisme d'État ont
répandu chez les gouvernants et dans le peuple cette
idée que la liberté est inefficace pour améliorer le sort
des classes laborieuses (1). En conséquence, on a
pensé qu'une intervention énergique du Pouvoir
pourrait seule donner aux sociétés professionnelles
la stabilité et la sécurité nécessaires.

La loi allemande du 18 juillet 1881 (2) organise des
associations comprenant à la fois les patrons, les
ouvriers et les apprentis du même métier.

Les artisans sont libres d'en faire partie ou de gar-
der leur indépendance ; mais il ne leur est pas permis
de créer une association libre à côté des corporations
officielles.

Celles-ci jouissent de divers priviléges : la faculté
d'ester en justice, d'acquérir un patrimoine même
immobilier, le droit exclusif pour leurs membres
d'élever des apprentis.

Mais en même temps elles sont soumises à un contrôle rigoureux de la part des agents administratifs,
et l'autorité politique reste maîtresse de prononcer
leur dissolution.

(1) E. de Laveleye. — *Le Socialisme contemporain*, passim.
(2) R. Lavollée. — *De la situation des classes ouvrières en
Europe*.

La loi autrichienne (1) du 15 mars 1883 est allée plus loin que la loi allemande. Elle impose à tous les métiers la corporation obligatoire, protégée et surveillée par l'autorité administrative.

Ces corporations obligatoires, embrassant tous les artisans d'une même profession, auront (aux yeux des auteurs de la loi) l'avantage d'offrir aux patrons et aux ouvriers un terrain de conciliation, et un point d'appui solide pour la défense de leurs intérêts.

Elles permettront de faire reposer l'organisation politique sur un groupement rationnel dont la communauté de métier serait la base.

Enfin, par des règlements ayant force de loi, elles rétabliront dans la pratique industrielle une régularité, une loyauté que, dit-on, le régime de la libre concurrence a fait disparaître.

En un mot, on se propose de transformer les conditions actuelles de la vie économique, et de remédier aux maux trop réels de l'individualisme par un vaste système d'associations soumises à une sévère réglementation légale.

Il serait téméraire de porter un jugement absolu sur ces réformes considérables ; elles sont, d'ailleurs, trop récentes pour que l'on puisse en apprécier les résultats. Mais, nous ne devons pas perdre de vue que les populations de l'Europe centrale vivaient encore, il y a vingt-cinq ans, sous l'ancien régime

(1) R. Lavollée. — *Ibidem.*

corporatif. Lorsque les corporations perdirent leur
caractère officiel, vers 1860, elles n'en subsistèrent
pas moins dans les mœurs, maintenant la concorde
dans le monde du travail, assurant aux artisans le
bienfait de l'assistance mutuelle.

On ne saurait donc reprocher aux lois allemande et
autrichienne d'avoir imposé à l'ouvrier une discipline
arbitraire. Elles ont simplement rendu leur autorité
légale à des institutions qui avaient conservé dans le
peuple de profondes racines.

De pareilles institutions pourraient-elles être réta-
blies parmi nous ? Il est permis d'en douter.

Outre les préjugés répandus contre les anciens
corps de métier, il faut tenir compte du caractère de
l'ouvrier français tel que l'ont fait nos révolutions.

A tort ou à raison, il se méfiera toujours d'une
organisation imposée par la loi ; si bienfaisante qu'elle
puisse être, il la considèrera comme vexatoire.

« On peut affirmer, a dit M. Charles Périn, que
l'association ne prendra racine dans les mœurs de
l'ouvrier et n'exercera sur elles une influence réelle
et profonde, qu'à la condition que l'autonomie soit
une de ses premières lois. — L'ouvrier ne s'attachera
à l'association qu'autant qu'elle sera véritablement
sa chose et qu'elle reflètera ses idées et ses affec-
tions (1). »

(1) Ch. Périn. — *De la Richesse dans les sociétés chré-
tiennes.* — T. III, p. 157.

Il est temps de vous entretenir, Messieurs, de la
loi qui a été l'occasion de cette étude.

Sans en faire un commentaire détaillé, vous me
permettrez d'en indiquer les traits généraux.

Elle abroge d'abord la loi du 14 juin 1791 et l'article 416 du Code pénal.

Les textes du même Code qui font obstacle à la
liberté d'association et la loi de 1834 sont décla-
rées inapplicables aux syndicats professionnels
(art. 1er).

Sous ce nom, sont comprises les associations formées
entre personnes exerçant la même profession ou des
métiers similaires, ayant pour objet exclusif l'étude
ou la défense de leur intérêts économiques, indus-
triels, commerciaux et agricoles (art. 2 et 3.)

Aucune formalité ne leur est imposée, si ce n'est le
dépôt des Statuts et des noms des administrateurs et
directeurs à la Mairie du lieu où le syndicat aura son
siége, dépôt renouvelable à chaque changement dans
les statuts ou dans la personne des administrateurs.
Chez ceux-ci seulement la loi exige la qualité de
français et la jouissance des droits civils ; les étran-

gers, les femmes, les enfants peuvent faire partie de l'association (art. 4).

Les syndicats auront le droit de se fédérer entre eux, mais les fédérations ne pourront ni ester en justice ni posséder aucun immeuble. Par là elles se distingueront des simples syndicats (art. 5.)

Ceux-ci jouiront de tous les avantages attachés à la personnalité civile. Ils acquerront à titre gratuit ou onéreux, sans autorisation préalable, mais ils ne pourront toutefois posséder d'autres immeubles que ceux nécessaires à leurs réunions et bibliothèques, et aux cours d'instruction professionnelle (art. 6).

A ces diverses dispositions le législateur donne une double sanction.

D'une part, il appartient au Procureur de la République et à tous les intéressés de demander la nullité des acquisitions faites en contravention de la loi.

Si l'acquisition a été faite à titre onéreux, l'immeuble sera vendu aux enchères et le prix versé dans la caisse syndicale. — Si elle résulte d'une libéralité, les biens feront retour au disposant ou à ses ayant-cause.

D'autre part, les Administrateurs ou Directeurs sont passibles d'une amende en cas d'infraction aux dispositions concernant la constitution du Syndicat ou le dépôt de ses Statuts (art. 8.)

Telle est la situation des associations professionnelles qui se seront conformées à la nouvelle loi.

Pour celles qui négligeraient de remplir ces formalités, elles restent sous l'empire du droit commun, c'est-à-dire que leur existence de fait dépend du bon vouloir de l'Administration et qu'en droit elles tombent sous l'application des articles 291 et suivants du Code Pénal.

La loi de 1884, prise dans son ensemble, crée donc pour les syndicats professionnels une situation exceptionnellement avantageuse.

Il semble qu'en faveur des ouvriers on ait voulu rompre avec toutes les traditions de notre droit public et privé.

Seuls, ils échapperont aux rigueurs que le Code Pénal réserve aux autres associations. Pour eux, le bienfait de la personnalité civile, jusqu'à ce jour attaché à la reconnaissance légale, dépendra d'un dépôt de pure forme.

Enfin leurs syndicats recevront librement des libéralités entre-vifs et testamentaires (sauf la restriction relative aux immeubles), tandis que, d'après le droit commun, les établissements d'utilité publique eux mêmes ne peuvent recueillir des donations ou legs qu'avec l'autorisation du Conseil d'État.

Faut-il regretter ces tentatives hardies de nos législateurs ?

Assurément les faveurs dont jouissent les syndicats professionnels, si on les rapproche des entraves apportées par le droit commun à la liberté d'associa·

tion, constituent une véritable anomalie..... j'allais
dire — une injustice.

Mais ne peut-on pas espérer que la loi de 1884
sera comme la préface d'une loi générale s'inspirant
de principes aussi libéraux ?

Et ne verrons-nous pas un jour régner dans nos
mœurs et dans nos institutions cette devise trop
souvent proclamée, trop rarement pratiquée : « la
liberté pour tous ? »

Je voudrais, Messieurs, m'arrêter sur cette pensée,
s'il ne me restait à vous signaler les objections
les plus graves que la loi a soulevées de la part des
meilleurs esprits.

La disposition autorisant les syndicats à se fédérer
a été vivement combattue.

Un orateur, entre autres, dont le nom ne sera pas
déplacé dans cette enceinte (car il est l'honneur du
barreau français), M⁰ Allou, a éloquemment démontré les dangers que ces fédérations feraient courir à
l'ordre public.

Le péril est d'autant plus réel qu'elles pourront
comprendre des syndicats de métiers différents.

On s'est demandé, non sans inquiétude, quel serait
l'intérêt professionnel commun aux membres de ces
fédérations !

Il semble donc que la loi laisse imprudemment une
arme aux mains des meneurs dangereux qui détour-
nent les ouvriers de la poursuite de leurs intérêts

immédiats pour les pousser dans la voie des reven-
dications sociales.

De longs et importants débats ont également pré-
cédé l'abrogation de l'article 416 du Code Pénal.

Il ne s'agissait plus ici de protéger les intérêts de
l'ordre public, mais bien de sauvegarder la liberté
individuelle de l'ouvrier.

L'article 416 avait été remanié en 1864.

Le texte primitif, qui prohibait toute entente et
tout concert entre ouvriers, ayant disparu, avait été
remplacé par la disposition suivante :

« Seront punis d'un emprisonnement de 6 jours à
3 mois et d'une amende de 16 à 300 fr. ou de l'une de
ces deux peines seulement tous ouvriers, patrons ou
entrepreneurs d'ouvrage qui, à l'aide d'amendes,
défenses, proscriptions, interdictions prononcées par
suite d'un plan concerté, auront porté atteinte au
libre exercice de l'industrie et du travail. »

C'était une garantie donnée au travailleur indépendant.

« Ces dispositions, avait dit le Rapporteur, ne
constituent pas une restriction du droit de se coaliser
— elles en sont la garantie. — Que dirait-on du propriétaire qui croirait son droit compromis parce
qu'on punit le vol ? C'est pourtant ce qu'il faudrait
penser de ceux qui trouveraient la liberté de se coaliser menacée parce qu'on punit les violences et les
fraudes. » (1)

(1). (Rapport sur la loi des coalitions *in fine.*)

Le législateur de 1864, en reconnaissant aux ouvriers la faculté de se coaliser, avait donc pensé que le droit de résister aux volontés de la coalition devait aussi trouver une protection dans la loi.

Le législateur de 1884 en a disposé autrement.

Il a jugé qu'il suffisait de maintenir les art. 414 et 415 visant les violences et voies de fait.

L'art. 416 a été abrogé et désormais les atteintes portées à la liberté du travail par des moyens que le droit commun ne prévoit pas resteront impunies.

Tout à l'heure, au contraire, nous voyions la loi anglaise définir avec soin et reprimer sévèrement ces mêmes « vexations pacifiques », et je crois vous avoir dit combien cette sollicitude du législateur, entourant de garanties spéciales la liberté du travailleur isolé, me semblait empreinte de sagesse et de vrai libéralisme.

Épargnez-moi donc le devoir pénible de critiquer maintenant les dispositions en ce point toutes différentes de notre loi française.

Elle s'est, en quelque sorte, désarmée devant les syndicats professionnels. L'avenir seul pourra nous dire si elle n'a pas trop présumé de leur sagesse.

Je me suis attaché, Messieurs, à maintenir cette
étude dans les limites d'une observation impar-
tiale. J'ai voulu signaler à vos réflexions un
mouvement qui préoccupe à juste titre les législateurs de notre temps, et non point autre chose.

Sans me départir d'une réserve dont je m'étais
fait un programme, il me semble pourtant que ce
simple exposé porte en lui-même son enseigne-
ment.

Aux différentes époques de l'histoire, chez tous les
peuples, se retrouve l'invincible tendance de l'artisan vers le groupement professionnel.

Cette tendance tient aux sentiments les plus impé-
rieux et les plus légitimes du cœur humain. On peut
et on doit la régler, mais c'est folie que de prétendre
la supprimer.

Les politiques du siècle dernier étaient donc le
jouet d'une illusion dangereuse lorsqu'ils pensaient
anéantir d'un trait de plume l'association entre gens
de métier.

L'expérience a démontré l'inutilité de leurs efforts
et la vanité de leurs théories.

« Il n'est pas vrai, disait justement M. Emile

Ollivier, qu'il n'y ait que des individus, grains de
poussière sans cohésion, et la puissance collective
de la nation. Entre les deux... comme moyen d'éviter la compression de l'individu par l'État, existe le
groupe formé par les libres rapprochements et les
accords volontaires. C'est à lui qu'il est réservé d'accomplir les œuvres de travail, d'assistance, d'expan-
sion, de progrès qui excèdent la puissance individuelle (1). »

Mais si, entre les particuliers et l'État, l'association doit jouer un rôle utile, c'est à la double
condition de ne point empiéter sur les attributions
des pouvoirs publics, et de respecter en même temps
les droits de l'individu.

Que les syndicats ne s'aventurent donc pas sur le
terrain politique; l'étude et la défense des intérêts
professionnels offrent à leur activité d'assez vastes
horizons.

Qu'ils se gardent aussi d'exercer une autorité abu-
sive sur les travailleurs indépendants; l'œuvre de
liberté que la loi a voulu accomplir ne doit pas devenir un instrument d'oppression.

Les anciens corps de métier ont disparu parce
que leur étroite réglementation faisait obstacle à la
liberté du travail. Croit-on que des atteintes portées

(1) E. Ollivier. *Rapport sur la loi des coalitions (1864).*

à cette même liberté par des associations non régle-
mentées seraient moins dangereuses ?

Voilà, si je ne me trompe, les deux écueils que le
syndicat professionnel devra éviter.

Est-ce tout ?

Oui, si l'on se préoccupe seulement de tracer les
limites extrêmes en dehors desquelles l'exercice du
droit d'association devient illégitime.

Non, si l'on se demande à quelles conditions l'association ouvrière produira les résultats bienfaisants
qu'on veut en attendre.

Ne l'oublions pas, en effet, c'est une arme puis-
sante, d'un maniement difficile ; mal dirigée, elle
peut porter des coups funestes. Avant la loi de 1884,
des syndicats ouvriers s'étaient formés, grâce à la
tolérance administrative. Faut-il vous apprendre
quel a été leur principal objectif ?

La plupart ont organisé contre les patrons une
lutte sans merci. Ils ont mis en pratique cette idée
que le capital et le travail sont des ennemis irré-
conciliables et qu'entre ces deux facteurs essentiels
de la prospérité publique il ne peut y avoir qu'anta-
gonisme et opposition d'intérêts.

Le résultat de cette doctrine, c'est la grève, légitime peut-être, mais, à coup sûr, désastreuse pour
tous, qui transforme l'arène où se débattent les intérêts économiques en un champ de bataille où chacun
des partis en présence poursuit l'écrasement de son
adversaire.

Eh bien, Messieurs, je crois que l'association professionnelle a une mission plus noble, plus féconde à
remplir. Le vieil apologue de Ménénius Agrippa, qui
réconciliait jadis sur le Mont-Sacré les patriciens et
les plébéiens est toujours vrai. Les divers éléments
du corps social ne sont point faits pour se combattre,
mais de leur concours et de leur harmonie dépend
l'existence même de la société. Ce n'est donc pas en
séparant les patrons et les ouvriers, mais, au contraire, en facilitant entre eux l'entente pour la
défense de leurs intérêts communs que l'association
professionnelle exercera une influence salutaire sur
nos mœurs.

La nécessité de l'accord entre patrons et ouvriers
devient tous les jours plus pressante.

Nous avons vu l'Allemagne et l'Autriche faire
appel à l'énergique intervention de l'Etat pour réali-
ser cet accord. En Angleterre, l'initiative privée
nous donne sur ce point des exemples instructifs.

Entre les chefs d'industrie et les unions ouvrières
se sont formés des tribunaux libres d'arbitrage et de
conciliation. Réglant amiablement les différends
relatifs à la durée du travail, aux salaires, ils ont
déjà étouffé plus d'une grève, et souvent ramené la
paix dans l'usine et dans l'atelier.

C'est un résultat considérable. Mais si la constitution de tribunaux d'arbitrage marque un progrès
très sensible dans la voie de l'apaisement social, est-

il donc nécessaire d'attendre qu'une contestation
surgisse pour mettre en présence les représentants
du capital et ceux du travail? Et ne verrons-nous
pas un jour des associations permanentes et libres
créer entre les patrons et les ouvriers d'un même
métier des rapports constants ? Ne serait-ce pas là
le vrai moyen de dissiper les méfiances et d'éteindre
les haines ?

Ah ! je le sais, Messieurs, une pareille solution est
encore bien loin de nous. Son succès est fort incer-
tain, quelques-uns même prétendent qu'il est chimé-
rique. Mais quel que soit le sort que l'avenir lui
réserve, elle n'en est pas moins digne d'intéresser
tous ceux qui ont également à cœur de satisfaire les
aspirations légitimes des classes populaires et de
maintenir les bases essentielles de l'ordre social.

Aux syndicats professionnels il appartient de hâter
par leur sagesse la réalisation de ces espérances.
Leur avenir est entre leurs mains. Qu'ils sachent
mériter les faveurs dont la loi les a comblés ; qu'ils
méditent surtout ces paroles d'un ami sincère des
ouvriers, de M. Jules Simon :

« L'homme a droit en théorie à la plus grande
liberté possible, mais en fait, il n'y a droit qu'à mesure qu'il en est capable. »

MES CHERS CONFRÈRES,

L'indulgence seule a dicté les suffrages trop flatteurs
dont vous m'avez honoré. Je viens de vous fournir
la preuve que cette indulgence m'est encore bien
nécessaire. Vous m'aviez confié, imprudemment peut-
être, le drapeau de notre Conférence, et certes, d'autres que moi l'eussent porté sans peine et plus ferme
et plus haut ; mais nul, j'ose le dire, n'eût senti
davantage le prix de cette distinction. Elle m'est
d'autant plus chère que j'en suis redevable à votre
amitié.

Conservez-moi, je vous le demande, une sympathie
qui a été le charme de nos relations du stage et qui
reste aujourd'hui pour moi le plus précieux des
encouragements.

Depuis notre dernière réunion, l'Ordre a perdu
un de ses membres les plus anciens et les plus res-
pectés.

Me Massol d'André était peu connu de la jeune géné-
ration. Ayant abandonné depuis longtemps les luttes
professionnelles, il n'avait voulu conserver de l'avocat
que les attributions charitables, et jusqu'à la fin il
s'est dévoué au Bureau d'Assistance judiciaire dont il
était le président. Il nous laisse le souvenir d'une
longue carrière, honorablement parcourue.

J'espérais être auprès de Me Ronchetti l'interprète de tous ceux qui n'ont pu qu'applaudir à son élection sans y prendre part.

Les circonstances délicates que notre Ordre a traversées ont mis en relief l'énergie de notre Bâtonnier, et les derniers venus dans la grande famille du Barreau n'auraient pas été les moins désireux de lui témoigner combien leur cœur s'associait à une lutte courageusement soutenue pour la défense des vieilles prérogatives de la robe.

Une indisposition passagère ne lui a malheureusement pas permis de présider cette séance. Que Me Ronchetti reçoive l'expression des vœux formés par chacun de nous pour qu'il reprenne bientôt à notre tête des fonctions dont l'estime universelle l'a justement investi.

Sous sa direction, les réunions du stage retrouveront, sans doute, l'intérêt que Me Sénès avait su leur donner.

Les deux années qui viennent de s'écouler compteront, à coup sûr, parmi les plus fécondes dans l'histoire de notre Conférence. L'étude de questions neuves et variées, le soin constant apporté à maintenir dans nos séances la dignité qu'elles comportent ont donné une réelle impulsion à nos travaux. Personne ici n'ignore quelle part revient dans les résultats obtenus à une autorité qui, sans jamais cesser d'être ferme, savait aussi se montrer conciliante.

Au maître vénéré qui nous préside, j'adresse l'hom-
mage d'un respect profond qui n'exclut pas une
filiale affection.

Il ne saurait appartenir à un débutant obscur de
louer les qualités éminentes qui ont placé Mᵉ Onfroy
au premier rang de notre Barreau ; et je n'ai pas à
vous apprendre les grandes traditions de loyauté et
de dignité professionnelles dont il reste parmi nous le
fidèle gardien.

Son nom est de ceux devant lesquels il suffit de
s'incliner. Mais la reconnaissance ne perd jamais ses
droits, et Mᵉ Onfroy me permettra de lui dire merci,
du fond du cœur, pour la bienveillante sollicitude
dont il a entouré mes efforts, pour les sages conseils
que j'ai reçus de lui.

ORDRE

DES AVOCATS DE MARSEILLE

——∘∘∶∘∘——

Extrait du registre des délibérations du Conseil de discipline

_____

Séance du 20 Février 1885

— — — — —

Présidence de M⁰ Ronchetti, bâtonnier.

Étaient présents : MM⁰⁰ Onfroy, Suchet, Senès, Rou-
vière, Eymar, De Ferre Lagrange, et Gensollen.

L'ordre du jour appelle l'examen du point de savoir
s'il convient de voter l'impression du discours prononcé par
M⁰ Bergasse à la séance de rentrée de la Conférence des
Avocats stagiaires.

Le Conseil appréciant le mérite du travail présenté par
M⁰ Bergasse, et considérant à la fois l'intérêt du sujet lui-
même et le talent avec lequel il a été traité, décide à
l'unanimité que le discours de M⁰ Bergasse sera imprimé
aux frais de l'Ordre.

Le Secrétaire.   *Le Bâtonnier.*

GENSOLLEN.   RONCHETTI.

www.ingramcontent.com/pod-product-compliance
Lightning Source LLC
Chambersburg PA
CBHW050539210326
41520CB00012B/2639